Our Cabin Getaway
COOKBOOK

Recipes

to enjoy with family and friends

Blank Cookbook Formatted for Your Menu Choices

This Recipe Book belongs to:

Table of Contents for each Category
Located directly after Start Page Listed Below

Appetizers

RECIPE TITLE:_____PAGE:_____

RECIPE TITLE:_____PAGE:_____

RECIPE TITLE:_____PAGE:_____

RECIPE TITLE:_____PAGE:_____

RECIPE TITLE:_____PAGE:_____

RECIPE TITLE:_____PAGE:_____

RECIPE TITLE:_____PAGE:_____

RECIPE TITLE:_____PAGE:_____

RECIPE TITLE:_____PAGE:_____

RECIPE TITLE:_____PAGE:_____

RECIPE TITLE:_____PAGE:_____

RECIPE TITLE:_____PAGE:_____

RECIPE TITLE:_____PAGE:_____

RECIPE TITLE:_____PAGE:_____

RECIPE TITLE:_____PAGE:_____

RECIPE TITLE:_____PAGE:_____

Recipes

TITLE

INGREDIENTS

DIRECTIONS:

Recipes

TITLE	
INGREDIENTS	

DIRECTIONS: _____

Recipes

TITLE	
INGREDIENTS	

DIRECTIONS: _____

Recipes

TITLE	
INGREDIENTS	

DIRECTIONS: _____

Recipes

TITLE

INGREDIENTS

DIRECTIONS:

Recipes

TITLE

INGREDIENTS

DIRECTIONS:

Recipes

TITLE

INGREDIENTS

DIRECTIONS:

Recipes

TITLE	
INGREDIENTS	

DIRECTIONS:

Recipes

TITLE

INGREDIENTS

DIRECTIONS:

Recipes

TITLE

INGREDIENTS

DIRECTIONS:

Recipes

TITLE

INGREDIENTS

DIRECTIONS:

Recipes

TITLE

INGREDIENTS

DIRECTIONS:

Recipes

TITLE

INGREDIENTS

DIRECTIONS:

Recipes

TITLE	
INGREDIENTS	

DIRECTIONS: _____

Recipes

TITLE	
INGREDIENTS	

DIRECTIONS: _____

Recipes

TITLE	

INGREDIENTS

DIRECTIONS: _____

Baked Goods

RECIPE TITLE:_____ PAGE:_____

RECIPE TITLE:_____ PAGE:_____

RECIPE TITLE:_____ PAGE:_____

RECIPE TITLE:_____ PAGE:_____

RECIPE TITLE:_____ PAGE:_____

RECIPE TITLE:_____ PAGE:_____

RECIPE TITLE:_____ PAGE:_____

RECIPE TITLE:_____ PAGE:_____

RECIPE TITLE:_____ PAGE:_____

RECIPE TITLE:_____ PAGE:_____

RECIPE TITLE:_____ PAGE:_____

RECIPE TITLE:_____ PAGE:_____

RECIPE TITLE:_____ PAGE:_____

RECIPE TITLE:_____ PAGE:_____

RECIPE TITLE:_____ PAGE:_____

RECIPE TITLE:_____ PAGE:_____

Recipes

RECIPE TITLE: _____ PAGE: _____

RECIPE TITLE: _____ PAGE: _____

RECIPE TITLE: _____ PAGE: _____

RECIPE TITLE: _____ PAGE: _____

RECIPE TITLE: _____ PAGE: _____

RECIPE TITLE: _____ PAGE: _____

RECIPE TITLE: _____ PAGE: _____

RECIPE TITLE: _____ PAGE: _____

RECIPE TITLE: _____ PAGE: _____

RECIPE TITLE: _____ PAGE: _____

RECIPE TITLE: _____ PAGE: _____

RECIPE TITLE: _____ PAGE: _____

RECIPE TITLE: _____ PAGE: _____

RECIPE TITLE: _____ PAGE: _____

RECIPE TITLE: _____ PAGE: _____

RECIPE TITLE: _____ PAGE: _____

Baked Goods

Recipes

TITLE

INGREDIENTS

DIRECTIONS:

Recipes

TITLE	
INGREDIENTS	

DIRECTIONS: _____

Recipes

TITLE	
INGREDIENTS	

DIRECTIONS: _____

Recipes

TITLE

INGREDIENTS

DIRECTIONS:

Recipes

TITLE

INGREDIENTS

DIRECTIONS:

Recipes

Title	
INGREDIENTS	

DIRECTIONS: _____

Recipes

TITLE

INGREDIENTS

DIRECTIONS:

Recipes

TITLE	
INGREDIENTS	

DIRECTIONS: _____

Recipes

TITLE

INGREDIENTS

DIRECTIONS:

Recipes

TITLE

INGREDIENTS

DIRECTIONS: _____

Recipes

TITLE

INGREDIENTS

DIRECTIONS:

Recipes

TITLE	
INGREDIENTS	

DIRECTIONS: _____

Recipes

TITLE	
INGREDIENTS	

DIRECTIONS: _____

Recipes

TITLE

INGREDIENTS

DIRECTIONS:

Recipes

TITLE	
INGREDIENTS	

DIRECTIONS: _____

Recipes

TITLE	
INGREDIENTS	

DIRECTIONS: _____

_____
_____
_____
_____
_____
_____
_____
_____
_____
_____

Recipes

TITLE

INGREDIENTS

DIRECTIONS:

Recipes

TITLE	
INGREDIENTS	

DIRECTIONS: _____

Recipes

TITLE	

INGREDIENTS

DIRECTIONS:

Recipes

TITLE	
INGREDIENTS	

DIRECTIONS: _____

Recipes

TITLE	

INGREDIENTS

DIRECTIONS:

Recipes

TITLE	
INGREDIENTS	

DIRECTIONS: _____

Recipes

TITLE

INGREDIENTS

DIRECTIONS: _____

Recipes

TITLE

INGREDIENTS

DIRECTIONS:

Recipes

TITLE	
INGREDIENTS	

DIRECTIONS:

Recipes

TITLE	
INGREDIENTS	

DIRECTIONS: _____

Recipes

TITLE

INGREDIENTS

DIRECTIONS:

Recipes

TITLE

INGREDIENTS

DIRECTIONS: _____

Recipes

TITLE

INGREDIENTS

DIRECTIONS: _____

Recipes

TITLE	
INGREDIENTS	

DIRECTIONS: _____

Recipes

TITLE

INGREDIENTS

DIRECTIONS:

Recipes

TITLE

INGREDIENTS

DIRECTIONS: _____

Desserts

RECIPE TITLE:_____ PAGE:_____

RECIPE TITLE:_____ PAGE:_____

RECIPE TITLE:_____ PAGE:_____

RECIPE TITLE:_____ PAGE:_____

RECIPE TITLE:_____ PAGE:_____

RECIPE TITLE:_____ PAGE:_____

RECIPE TITLE:_____ PAGE:_____

RECIPE TITLE:_____ PAGE:_____

RECIPE TITLE:_____ PAGE:_____

RECIPE TITLE:_____ PAGE:_____

RECIPE TITLE:_____ PAGE:_____

RECIPE TITLE:_____ PAGE:_____

RECIPE TITLE:_____ PAGE:_____

RECIPE TITLE:_____ PAGE:_____

RECIPE TITLE:_____ PAGE:_____

RECIPE TITLE:_____ PAGE:_____

Recipes

TITLE

INGREDIENTS

DIRECTIONS:

Recipes

TITLE	
INGREDIENTS	

DIRECTIONS:

Recipes

TITLE

INGREDIENTS

DIRECTIONS:

Recipes

TITLE

INGREDIENTS

DIRECTIONS:

Recipes

TITLE	
INGREDIENTS	

DIRECTIONS: _____

Recipes

TITLE	
INGREDIENTS	

DIRECTIONS: _____

Recipes

TITLE

INGREDIENTS

DIRECTIONS:

Recipes

Title	
INGREDIENTS	

DIRECTIONS: _____

Recipes

TITLE	
INGREDIENTS	

DIRECTIONS:

Recipes

TITLE

INGREDIENTS

DIRECTIONS:

Recipes

TITLE	
INGREDIENTS	

DIRECTIONS: _____

Recipes

TITLE

INGREDIENTS

DIRECTIONS: _____

Recipes

TITLE

INGREDIENTS

DIRECTIONS: _____

Recipes

TITLE	
INGREDIENTS	

DIRECTIONS: _____

Recipes

TITLE	
INGREDIENTS	

DIRECTIONS:

Recipes

TITLE	
INGREDIENTS	

DIRECTIONS: _____

_____
_____
_____
_____
_____
_____
_____
_____
_____
_____

Main Dishes

RECIPE TITLE:_____ PAGE:_____

RECIPE TITLE:_____ PAGE:_____

RECIPE TITLE:_____ PAGE:_____

RECIPE TITLE:_____ PAGE:_____

RECIPE TITLE:_____ PAGE:_____

RECIPE TITLE:_____ PAGE:_____

RECIPE TITLE:_____ PAGE:_____

RECIPE TITLE:_____ PAGE:_____

RECIPE TITLE:_____ PAGE:_____

RECIPE TITLE:_____ PAGE:_____

RECIPE TITLE:_____ PAGE:_____

RECIPE TITLE:_____ PAGE:_____

RECIPE TITLE:_____ PAGE:_____

RECIPE TITLE:_____ PAGE:_____

RECIPE TITLE:_____ PAGE:_____

RECIPE TITLE:_____ PAGE:_____

RECIPE TITLE: _____ PAGE: _____

RECIPE TITLE: _____ PAGE: _____

RECIPE TITLE: _____ PAGE: _____

RECIPE TITLE: _____ PAGE: _____

RECIPE TITLE: _____ PAGE: _____

RECIPE TITLE: _____ PAGE: _____

RECIPE TITLE: _____ PAGE: _____

RECIPE TITLE: _____ PAGE: _____

RECIPE TITLE: _____ PAGE: _____

RECIPE TITLE: _____ PAGE: _____

RECIPE TITLE: _____ PAGE: _____

RECIPE TITLE: _____ PAGE: _____

RECIPE TITLE: _____ PAGE: _____

RECIPE TITLE: _____ PAGE: _____

RECIPE TITLE: _____ PAGE: _____

Recipes

TITLE	
INGREDIENTS	

DIRECTIONS: _____

Recipes

TITLE	
INGREDIENTS	

DIRECTIONS: _____

Recipes

TITLE

INGREDIENTS

DIRECTIONS:

Recipes

TITLE	
INGREDIENTS	

DIRECTIONS: _____

Recipes

TITLE

INGREDIENTS

DIRECTIONS:

Recipes

TITLE

INGREDIENTS

DIRECTIONS:

Recipes

TITLE	
INGREDIENTS	

DIRECTIONS: _____

Recipes

TITLE

INGREDIENTS

DIRECTIONS:

Recipes

TITLE	
INGREDIENTS	

DIRECTIONS: _____

Recipes

TITLE	

INGREDIENTS

DIRECTIONS: _____

Recipes

TITLE	
INGREDIENTS	

DIRECTIONS: _____

Recipes

TITLE	
INGREDIENTS	

DIRECTIONS: _____

Recipes

TITLE	

INGREDIENTS

DIRECTIONS: _____

Recipes

TITLE	
INGREDIENTS	

DIRECTIONS: _____

Recipes

TITLE	
INGREDIENTS	

DIRECTIONS: _____

Recipes

TITLE	
INGREDIENTS	

DIRECTIONS: _____

Recipes

TITLE	
INGREDIENTS	

DIRECTIONS: _____

Recipes

TITLE	
INGREDIENTS	

DIRECTIONS: _____

Recipes

TITLE	
INGREDIENTS	

DIRECTIONS: _____

Recipes

TITLE	

INGREDIENTS

DIRECTIONS: _____

Recipes

TITLE	
INGREDIENTS	

DIRECTIONS: _____

Recipes

TITLE	
INGREDIENTS	

DIRECTIONS: _____

Recipes

TITLE	
INGREDIENTS	

DIRECTIONS: _____

Recipes

TITLE	
INGREDIENTS	

DIRECTIONS: _____

Recipes

TITLE

INGREDIENTS

DIRECTIONS:

Recipes

TITLE	
INGREDIENTS	

DIRECTIONS: _____

Recipes

TITLE

INGREDIENTS

DIRECTIONS: _____

Recipes

TITLE	
INGREDIENTS	

DIRECTIONS: _____

Recipes

TITLE	
INGREDIENTS	

DIRECTIONS:

Recipes

TITLE	
INGREDIENTS	

DIRECTIONS: _____

Recipes

TITLE	
INGREDIENTS	

DIRECTIONS: _____

Recipes

TITLE	
INGREDIENTS	

DIRECTIONS: _____

Soups and Salads

Recipes

RECIPE TITLE:_____ PAGE:_____

RECIPE TITLE:_____ PAGE:_____

RECIPE TITLE:_____ PAGE:_____

RECIPE TITLE:_____ PAGE:_____

RECIPE TITLE:_____ PAGE:_____

RECIPE TITLE:_____ PAGE:_____

RECIPE TITLE:_____ PAGE:_____

RECIPE TITLE:_____ PAGE:_____

RECIPE TITLE:_____ PAGE:_____

RECIPE TITLE:_____ PAGE:_____

RECIPE TITLE:_____ PAGE:_____

RECIPE TITLE:_____ PAGE:_____

RECIPE TITLE:_____ PAGE:_____

RECIPE TITLE:_____ PAGE:_____

RECIPE TITLE:_____ PAGE:_____

RECIPE TITLE:_____ PAGE:_____

Soups and Salads

Recipes

TITLE	
INGREDIENTS	

DIRECTIONS: _____

_____

_____

_____

_____

_____

_____

_____

_____

_____

Recipes

TITLE

INGREDIENTS

DIRECTIONS:

Recipes

TITLE	
INGREDIENTS	

DIRECTIONS: _____

Recipes

TITLE

INGREDIENTS

DIRECTIONS:

Recipes

TITLE

INGREDIENTS

DIRECTIONS:

Recipes

TITLE

INGREDIENTS

DIRECTIONS:

Recipes

TITLE	
INGREDIENTS	

DIRECTIONS: _____

_____

_____

_____

_____

_____

_____

_____

_____

_____

Recipes

TITLE

INGREDIENTS

DIRECTIONS: _____

Recipes

TITLE	
INGREDIENTS	

DIRECTIONS: _____

Recipes

Title	
Ingredients	

DIRECTIONS: _____

Recipes

TITLE

INGREDIENTS

DIRECTIONS:

Recipes

TITLE	
INGREDIENTS	

DIRECTIONS: _____

Recipes

TITLE

INGREDIENTS

DIRECTIONS:

Recipes

TITLE	
INGREDIENTS	

DIRECTIONS: _____

Recipes

TITLE	

INGREDIENTS

DIRECTIONS: _____

Recipes

TITLE	
INGREDIENTS	

DIRECTIONS: _____

BLANK BOOKS
BY
COVER
CREATIONS
we create the cover
****
you create the content
designed by: Rose Montgomery
Find all the author's books at Amazon.com

Rose Montgomery's
Children's Story Book
Series
PARABLES
from
PARADISE
Stories that help Children
Learn to Always
Put Their Trust in Jesus
Find them at AMAZON.com

You will also find Rose's Cookbooks

"Farmers' Market Cookbook"

"Plant Based Cookbook"

"Simply Baking Series"
*Country Style Cookie Cookbook
*Country Style Cupcake Cookbook
*Country Style Cake Cookbook

Find out more at:
WorkofArtGraphicDesigns.webs.com
Copyright©2014 Rose Montgomery

Rose Montgomery
Blank Books by Cover Creations
Publisher: Work of Art Graphic Designs

Made in the USA
Monee, IL
03 November 2024

69233737R00075